AF438288

Jules de GASTYNÉ

UNE

TENTATIVE DE CONCILIATION

ENTRE

VERSAILLES ET PARIS

EN MAI 1871

PAU

IMPRIMERIE VIGNANCOUR

S. DUFAU, IMPRIMEUR

1893

Jules de GASTYNE

UNE

TENTATIVE DE CONCILIATION

ENTRE

VERSAILLES ET PARIS

EN MAI 1871

PAU
IMPRIMERIE VIGNANCOUR
S. DUFAU, IMPRIMEUR
—
1893

MÉMOIRES SECRETS

DU

COMITÉ CENTRAL

ET DE LA

COMMUNE DE PARIS

—

Librairie Internationale A. Lacroix et Cᵉ, à Paris, 27 juin 1871

———

CHAPITRE XXI

Une tentative de conciliation entre Versailles et Paris

Première entrevue de M. le Baron Dutilh de la Tuque avec quelques membres du Comité Central. — Promesse de Léon Brin. — Séance du comité central dans laquelle Léon Brin propose d'arrêter la Commune de Paris et de traiter avec Versailles par l'intermédiaire de M. le Baron Dutilh. — Cette proposition est rejetée a une faible majorité.

— Cependant la situation militaire des communeux devenait de plus en plus critique. On disséminait l'artillerie partout, excepté dans les endroits où elle aurait pu rendre quelques services. On oubliait, pendant des semaines entières, de renouveler les postes. Les hommes se décourageaient et abandonnaient le terrain même sans avoir été attaqués. Et, cependant, le ministère de la guerre faisait publier chaque jour des bulletins de victoire. Le *Cri du*

Peuple et les autres journaux de sa nuance ne tarissaient pas en louanges et en chants de triomphe.

— On courait à sa perte en se félicitant mutuellement et en se traitant de génies et de vainqueurs.

— Le comité central seul, — du moins quelques-uns des membres qui le composaient — ne se laissait pas tromper aussi facilement.

— Il fut, de nouveau, question dans une de ses dernières séances, d'arrêter d'un seul bloc la commune qui causait tout le mal.

— Nous rendrons compte de cette importante séance, qui faillit changer la face des choses et qui montra que tout le monde, à l'Hôtel-de-Ville. ne partageait pas l'ignorance et la présomption des membres de la Commune. Et, cependant, il était bien difficile d'y dire la vérité !

— C'est vers cette époque que le citoyen Léon Brin, membre du comité central, eût sa première entrevue avec M. le Baron Dutilh de la Tuque, un des hommes honorables et courageux qui s'étaient donné la patriotique mission d'essayer de débarrasser Paris, sans effusion de sang, des bandits qui l'infestaient. Il espérait que le comité central, à la veille d'une chute qu'il prévoyait lui-même, aurait assez de sagesse et de bon sens pour essayer, même au prix d'une soumission à Versailles, de détourner de Paris les désastres qui le menaçaient. Sa position d'officier supérieur et d'organisateur du Corps des Volontaires de la France avait mis M. le Baron Dutilh en relations, pendant le siège de Paris, avec un grand nombre d'officiers de tout grade qui occupaient alors dans l'armée de la Commune des positions plus ou moins importantes. Il résolut de choisir parmi eux les meilleurs et les plus capables pour opérer, par le Comité Central, une sorte de Contre-Révolution et renverser la Commune.

— Il rendit visite tout d'abord au général Auguste Okolowich, qui avait servi dans les Volontaires de la France et qui, blessé, était soigné à l'ambulance des Champs-Elysées.

— Le général était entouré de son père et de ses frères, Anatole et Edouard, qui n'avaient accepté aucune fonction de la Commune.

— M. Dutilh fut admis sous la tente du général et causa en particulier avec lui pendant près d'un quart d'heure. Après cette conversation, M. Dutilh prit rendez-vous pour le lendemain avec Anatole Okolowich qui le conduisit dans une réunion particulière où se trouvaient plusieurs membres du Comité Central, les deux frères, Léon et Arthur Brin et plusieurs Colonels et Lieutenants-Colonels de l'armée fédérée. — Il était tard ; la situation générale des affaires très tendue ; il convenait d'aller droit au but et de savoir sur qui on pouvait compter.

— M. Dutilh se fit connaître et exposa rapidement à l'assistance le but qu'il poursuivait : La cessation des hostilités d'abord, la paix générale ensuite.

« Croyez-vous, Messieurs, leur dit-il, que la conciliation puisse être tentée avec la Commune de Paris ? Pour moi, je ne le crois pas. Je connais plusieurs de ses membres, et je sais dans quel affreux désordre vivent ensemble ces honteux délégués de toutes les vengeances dynastiques et européennes, liguées aujourd'hui contre notre gloire nationale, notre prospérité et notre prestige dans le monde. Je ne veux accuser ni nommer personne. Ce que je viens vous demander, c'est de me faciliter les moyens d'être reçu et entendu par le Comité central. Je lui dirai toute ma pensée et j'ai des raisons personnelles pour être assuré d'y rencontrer du secours et un appui très sérieux et, je l'espère, très efficace de la part de plusieurs de ses membres. »

M. Dutilh parla longtemps ; sa voix était mordante, mais ferme et assurée. On pensait comme lui, mais on craignait de s'engager comme lui et avec lui.

— « Eh bien ! s'écria Léon Brin, membre du Comité central, je vous conduirai à la réunion prochaine du Comité. Il ne dépendra pas de moi qu'il ne vous reçoive. Je sais mieux que vous quel démon infernal agite cette malheureuse Commune et combien elle mérite peu qu'on la prenne au sérieux. Quant au Comité central, c'est autre chose. Il y a là des éléments honnêtes, égarés, direz-vous ; mais, vous y serez au moins écouté. Le salut de Paris est dans le Comité central. »

Léon Brin tint parole ; mais, il avait compté sans l'inintelligence et l'entêtement de ses collègues.

Nous allons voir bientôt comment il fut reçu quand il proposa de se servir, pour traiter de la paix, de l'intermédiaire de M. le Baron Dutilh.

— C'était le lendemain de l'entrevue que nous venons de raconter.

— Le citoyen Rousseau présidait.

— La discussion était vive. On critiquait la Commune comme elle le méritait.

— « Comment ! dit le général du Bisson, vous prétendiez être des hommes de cœur ? Le citoyen Léon Brin vous a proposé un intermédiaire sérieux, M. le Baron Dutilh, et vous le refusez ? M. le Baron Dutilh est un homme des plus recommandables ; il a la confiance de l'assemblée et du gouvernement de Versailles. Pourquoi repousser ses bons offices ? Vous devez bien voir qu'il nous est impossible de tenir plus longtemps. »

— Le citoyen Léon Brin demande la parole.

— « Permettez-moi, dit-il, de vous faire un exposé de la situation et vous verrez si j'ai raison de vous demander à chercher à traiter honorablement avec Versailles. Je supplie le Président et l'assemblée, non seulement de m'accorder la parole, mais, de me permettre de parler en toute liberté : J'ai à vous dire des choses du plus haut intérêt. »

— Oh ! crie Fabre, « Il n'y en a que pour celui-là ! »

— « Est-ce ma faute, répond Brin, si je suis obligé de dire tant de mots pour arriver à me faire comprendre ? »

— « Parbleu ! dit Fabre, un homme si fort ! »

— « Fabre, répond Brin, je ne saurais trop vous engager à être plus poli. J'admets toutes les plaisanteries, excepté celles qui ont la tournure de parti pris. Je vous engage donc à vous le tenir pour dit, sinon nous pourrions nous en expliquer autrement. »

« Je prie le citoyen Fabre, dit le Président, de garder ses réflexions pour lui et le citoyen Brin de ne pas se fâcher et de continuer ses communications. Les événements deviennent de plus en plus graves et nous devons tous comprendre la responsabilité terrible qui pèse sur nous. »

« Les moments sont précieux, mais, la faim n'est pas encore dans le bâtiment. Il est inutile de prendre des airs aussi tragiques pour nous parler. »

— La parole est au citoyen Léon Brin, crie le Président. »

— La République de 93, dit celui-ci, s'est salie et déshonorée par des actes odieux, par des arrestations arbitraires et, surtout, par des exécutions sommaires. Ces exécutions, ces arrestations, toutes ces mesures sauvages et exagérées finirent par fatiguer la France et, un beau jour, nous retournâmes à la Monarchie. Pourquoi la France aime-t-elle la Monarchie ? Parce que ce système possède une qualité que nous n'avons pas : l'homogénéité ou mieux la stabilité. Nous, au contraire, nous nous entredéchirons continuellement les uns les autres. Il y a, dans notre parti, une lutte intestine, d'autant plus acharnée et mesquine qu'elle a pour promoteurs des idiots, des méchants et des ignorants. Nous n'avons pas le respect de nous-mêmes. Nos ancêtres ont été plus cruels que nous ; mais il y avait quelque ordre dans leur férocité et leur barbarie. Mais nous ! où en sommes-nous ? Je vais vous le dire, et vous le dire sans ménagements :

« Il y a quelques semaines, au 18 mars, tout le monde s'embrassait ; les loups n'avaient pas encore senti la proie ; les appétits n'étaient pas excités. Les instincts malfaisants avaient été endormis par la gloire et la joie du triomphe.

« — Mais, si vous continuez ainsi, citoyen Brin, vous allez nous faire croire que vous êtes un réactionnaire.

« — Ceci m'est fort indifférent.

« — Et si on vous fusillait ?

« — Ce serait un crime de plus à inscrire sur l'ardoise historique de la Commune et du Comité central : J'y suis destiné, peut-être !

« — Comme vous y allez !

« — C'est comme cela qu'il faut toujours y aller, répond très froidement l'orateur.

« — Je prie le citoyen Brin, dit le Président, de ne pas s'arrêter aux interruptions et de continuer.

« — Je supplie le Président, dit ce dernier, d'obtenir le silence de l'assemblée.

« — Que disent donc là-bas d'aussi intéressant les

citoyens Bouit et Barroult? crie Rousseau. On n'entend qu'eux.

« — Nous disons que le citoyen Brin n'a pas l'air de nous ménager et qu'il aurait peut-être l'intention d'amener le Comité central à composition.

« — Permettez-moi, avant tout, de vous convaincre, réplique Léon Brin. Si vous êtes ensuite de mon avis, vous signerez avec moi ; mais vous aurez toujours assez de bon sens pour vous en abstenir.

« — Certainement, dit Bouit, mais c'est votre façon d'envisager les choses qui ne nous plait pas.

« — Continuez donc, Brin, crie tout haut Lacord, vous voyez bien que vous parlez devant des hommes ivres.

« — Tout le monde se récrie.

« — S'ils ne le sont pas, continue Lacord, ils raisonnent absolument comme s'ils l'étaient. C'est toujours la même chose.

« — Ne faites attention à ce que dit Lacord, crie quelqu'un, vous savez bien que Brin a fait son caprice. ..

« — C'est parce qu'ordinairement, il raisonne comme un homme et vous comme des matelas. O République ! où diable vas-tu te nicher?...

— Ne faites pas attention à Lacord, crie Lavalette, il a manqué une sauce ce matin. Il est de mauvaise humeur.

— Tu ferais mieux de te faire mettre des dents, riposte Lacord, et de ne pas éclabousser les voisins. Préviens-les, au moins, quand tu prends la parole, on ouvrira les parapluies.

— Tais-toi ; tu ne sais dire que des bêtises.

— C'est un mérite que tu n'auras jamais.

— Je n'y tiens pas.

— « Pardon, citoyens, dit en souriant Brin, je crois que vous vous écartez un peu de la question. Cependant, les heures sont précieuses. »

— Ah ! ouitche ! dit Lacord, est-ce que vous croyez que ça les inquiète ? Eh bien ! vous vous mettez drôlement le doigt dans l'œil. Tenez, j'ai demandé il y a deux jours, qu'on rédigeât une affiche des plus importantes et des plus utiles. C'est une adresse au peuple de Paris ; du reste, je vous la lirai tout à l'heure. Certes, si j'avais besoin de leur concours pour en faire la rédaction, je pourrais bien attendre à l'année prochaine. Il n'y en a pas un qui soit à la hauteur de la situation. D'ailleurs, continuez ; vous êtes tout à fait dans le vrai ; mais ils tiennent autant à vous entendre qu'à avaler une brouette.

— C'est insensé, dit Léon Brin, et, cependant, cela est ainsi. Pourvu du moins que, plus tard, le public soit sincèrement instruit de tout cela.

— Mon Dieu ! oui, dit Lacord ; c'est le seul espoir qui nous reste, afin qu'on ne se figure pas qu'il y avait des hommes capables dans ces tas de brutes.

Le colonel Boursier, qui avait écouté attentivement cette conversation, s'approcha de Lacord.

— « A la bonne heure, dit-il, tout à coup, tu nous arranges aux petits oignons. »

— Ah ! nom d'un chien ! prouve-moi que j'ai menti, si tu le peux ; je ne demande pas mieux.

— Non, dit Boursier, devenu tout rêveur ; si nous ne mettons pas la patte sur tous ces lapins de l'Hôtel-de-ville...

— Eh bien ?

— Eh bien ! ajouta-t-il en soupirant, tout est fichu.

— Alors, arrivez-en là tout de suite, cria Léon Brin. Pourquoi se faire tant tirer l'oreille ?

— Mais, Brin, dit Boursier, je suis colonel. Vous savez qu'ils m'ont déjà emprisonné pour avoir essayé de lever la tête. Que puis-je faire seul ? Vous savez bien que si cela ne tenait qu'à moi, ils coucheraient tous cette nuit à Mazas. Que diable voulez-vous ? Il y a ici une bande de poules mouillées qu'on ne peut pas remuer. Voyez pour vous, vous n'arrivez pas même à vous faire écouter.

— C'est un malheur, dit Brin, un grand malheur ; car, tout le monde court à un désastre. Vainqueurs et vaincus, tous regretteront ce qui se passera. Nul ne sera content.

— Ce n'était plus dans la salle qu'un bourdonnement confus. Chacun conversait de sa place avec ses voisins. Il était impossible aux orateurs de se faire entendre.

Le Président agite la sonnette et invite le citoyen Brin à reprendre la parole et à continuer son discours.

« Je vous disais donc, poursuit Léon Brin, que le

18 mars, le Comité central était animé des meilleures intentions, bien qu'on lui ait imputé quelques assassinats qui doivent être plutôt mis sur le compte de la vindicte publique. Il s'est imaginé, après la victoire, que tout était fini et que tout allait marcher comme sur des roulettes. Il croyait, en faisant nommer la Commune de Paris, donner à la capitale des représentants capables, nommés par le peuple.

« Ce fut une grande erreur. Il remarqua, le soir même des élections que tous ceux de ses membres qui avaient le moins de mérite étaient passés d'emblée à la Commune; il leur avait suffi de mettre sur leurs affiches : Un tel, du Comité central.

« Ces hommes, lâches et méchants, nous mènent fatalement à un cataclysme. Ils n'eurent rien de plus pressé, aussitôt après leur nomination, que de repousser leurs anciens collègues.

« Récapitulons ce qu'a fait, depuis ce moment, la Commune. Elle a choisi, pour la représenter à la guerre, un nommé Cluseret, qui l'a fourrée dans un guêpier dont elle ne sortira certainement pas. Elle a maintenu, malgré nos conseils, son compère Rossel, qui a fait tout ce qu'il a pu pour nous perdre.

« — C'est vrai ! crient plusieurs voix.

« — Lorsque le Comité central s'adresse à la Commune pour une demande ou une réclamation, peut-il seulement se faire entendre? La rencontre-t-il? Est-il reçu? Vous voyez donc bien que le Comité central a commis une faute grosse comme une montagne en laissant nommer des représentants indignes de la capitale.

« Quel devoir nous reste-t-il à remplir? Il faut supprimer la Commune; nous mettre en ses lieu et place et faire appel, non pas seulement à Paris, mais encore à toute la France, qui, alors, se choisira le gouvernement qui lui plaira.

« — Je demande la parole, crie Fabre, furieux.

« — Laissez parler le citoyen Brin, dit le Président.

« — C'est pour une motion d'ordre, réplique Fabre.

— La parole est au citoyen Fabre pour une motion d'ordre.

— Je demande au citoyen Léon Brin, dit Fabre, si c'est

lé baron Dutilh qui lui a conseillé d'employer une séance du Comité à nous faire cette leçon.

— Je propose de passer outre sans répondre à cette sotte question, dit Léon Brin.

— Pourquoi cela? riposta Fabre.

— Parce que cela me plait.

— Soit, nous verrons..........

— Quand vous voudrez..........

— Continuez, continuez, crie l'assistance au citoyen Brin.

— Aujourd'hui, dit celui-ci, les opérations militaires sont loin d'être satisfaisantes.

— Oh! oui!..........

— En voici la raison : Supposez pour un instant en présence deux armées composées de forces égales, animées toutes les deux du même courage et de la même valeur. L'une des deux est organisée, obéissante, habituée à faire la guerre. C'est l'armée de Versailles.

— Oh! Oh! Oh!

— Il y a là une exagération, dit le Président.

— « Nullement, répond Brin. Je sais bien que la Commune nous endort avec des récits de combats toujours terminés à notre avantage. Cependant, il n'est pas besoin d'être fort en stratégie militaire pour voir quelle est celle des deux armées qui recule sans cesse, tandis que l'autre avance toujours. Vous ne voudrez donc jamais ouvrir les yeux ?...

« Je dirais que l'armée fédérée, au contraire, est loin d'être organisée. Tout y est dans le plus grand désordre. Il n'y a pas d'obéissance. Ceux qui sont braves se découragent, parce qu'ils ne sont pas remplacés à temps et à l'heure.

« Dans l'armée de Versailles, on ne se grise pas. Chez nous, on est toujours ivre. Et vous voudriez faire une comparaison entre ces deux forces? Mais, il y a entre elles une disproportion qui ne doit échapper à personne. »

— Le citoyen Brin a raison, crient plusieurs colonels. Tout va de mal en pis. La situation s'aggrave chaque jour. Il serait temps de prendre un parti décisif.

Fabre et quelques autres gesticulent avec fureur.

— On blâme la garde nationale, crient-ils. On en veut à notre entente !

— Continuez, citoyen Brin, dit le Président.

— « Mais, ce n'est encore là, dit Brin, qu'un côté de la situation. Il y a autre chose. Au lieu de chercher à améliorer sa position, la Commune ne fait que l'empirer par ses lois et ses décrets absurdes. Elle démolit et emprisonne sans cesse, sans se demander si cela plaît bien à ses électeurs et si elle a encore pour elle l'esprit de la capitale. Or, elle l'a si peu, que tout le monde quitte Paris. Ses rues sont des déserts !

— Les citoyens qui sortent de Paris, crie le citoyen Audoyneau, sont des réactionnaires. Ils sont en petit nombre et nous n'avons pas à nous préoccuper d'eux ; en restant, ils ne pourraient nous faire que du mal.

— Ah ça ! reprend Brin, est-ce que vous seriez assez aveugles et assez niais pour croire qu'il n'y a qu'au Comité central et à la Commune qu'on trouve des républicains ? Il n'y a pas que les réactionnaires qui s'en vont ; ce sont tous ceux qui ont la facilité de partir et d'aller vivre en province, en attendant que le gouvernement régulier ressaisisse les rênes du pouvoir, car, pour la plupart, ils ne prennent et ne prendront jamais la Commune au sérieux.

— Mais nous avons des baïonnettes, répond Audoyneau.

— Quand un pouvoir ne repose plus que sur des baïonnettes, il repose sur une base bien fragile ! C'est tout au plus bon quand on est sûr d'être le plus fort. Je me résume :

— Paris va être attaqué dans quatre ou cinq jours ; il faudra à peine huit jours pour prendre la Porte Maillot ; la Porte Maillot prise, vous verrez comme moi ce qui se passera. Il est donc nécessaire de prendre, aujourd'hui même, un parti extrême, car, les évènements vont se succéder désormais avec une telle rapidité que vous n'aurez pas le temps de vous reconnaître. Ce n'est pas je pense, ce pauvre Delescluze qui va nous tirer de là. Je l'examinais attentivement hier et je ne le crois pas même dans des dispositions mentales telles qu'il puisse juger nettement la situation. Il ne peut qu'en aggraver les périls, si c'est possible......

— A ce moment, le citoyen Lavalette, qui s'était absenté un instant, entre avec fracas dans la salle, le képi sur l'oreille. Il est pâle, haletant, effarouché. Il saisit machinalement la sonnette et l'agite fiévreusement.

— Mes enfants, crie-t-il tout-à-coup !...

— Qu'arrive-t-il donc, papa? crie Lacord.

— Oh ! ne crie pas. C'est sérieux... tu vas voir.

— Enfin ! parle ; on t'écoute......

— Mes enfants, répète Lavalette, à demi voix, on vient de m'affirmer que les Versaillais ont pris la barricade du pont de Neuilly...

— Eh bien ! dit Lacord, ça t'étonne ça? Pas moi !...

— Comment si ça m'étonne? certainement que ça m'étonne ! mais, c'est qu'ils s'approchent !...

— Comment, reprend Lacord, ils approchent ! Eh bien ! pourquoi ne vas-tu pas les prier de rester chez eux? avec un peu de politesse, tu pourrais peut-être les décider !...

— Moi ! répond Lavalette, en prenant des airs de conquérant, j'irais fléchir les genoux? J'aimerais mieux avaler la lame de mon sabre !...

— Va donc, dit Lacord, tu n'avalerais rien du tout. Et, du reste, il est fort probable qu'en voyant ta figure, ils te prendraient pour un voleur de grand chemin. Ils te flanqueraient au bloc et ce ne serait pas long. Aussi, tu ne devrais pas t'aventurer en campagne sans un certificat de bonne vie et mœurs dans ta poche...

— Alors, dit Lavalette, très sérieusement, tu supposes que les gendarmes me f..tront dedans ?

— Je l'ai rêvé et ça arrivera ; tu verras.

— Citoyen, dit Léon Brin au Président, je voudrais cependant terminer ! !... vous voyez que je n'avais pas tort.

— Silence ! crie le Président.

— Ce n'est pas la peine, dit Fabre.

— Si vous ne faites pas silence, vous manquerez à votre devoir. Il faut écouter tout le monde, dit le Président.

— Oh! Il nous endort, celui-là, avec ses discours ; quand il a la parole, on ne peut plus rien dire.

— Quand je vous disais, citoyens, qu'il était temps, fait Brin.

— Oh! Ils ne sont pas encore ici, interrompt Fabre.

— Cela ne sera pas bien long maintenant.

— C'est ce que nous verrons.

— Enfin ! dit Brin, qu'espère la Commune ? Qu'espérez-vous, vous, Comité Central ? Paris va être vaincu et la Province donnera raison au plus fort. Vous voyez bien que notre position est critique. Eh bien ! en présence d'un pareil avenir, moi, Comité Central, je vous le répète, je ferais main basse sur la Commune ; je déposerais les pouvoirs de cette commune entre les mains de la France et, ouvrant les portes de Paris, sans combat, je demanderais une dernière fois au Pays de se choisir un gouvernement... Et toute la Province verrait que Paris n'a pas été dupe de la Commune et qu'il l'a ignominieusement chassée pour n'avoir rien su faire de bien.

— Mais, dit Rousseau, le Président, ce serait rendre les armes à l'assemblée de Versailles.....

— L'assemblée de Versailles, réplique Brin, n'aura pas toujours la gloire d'avoir vaincu la garde nationale de Paris, comme elle la vaincra, si vous lui résistez. Elle est l'expression de la volonté de la France ; la France la gardera ou la renversera, si cela lui plait. Quoi de plus simple ?

Mais, au moins, en agissant ainsi, vous éviteriez un carnage qui ne peut que vous être préjudiciable... Il est temps encore !... Je vous demande d'admettre au moins à une audience M. le baron Dutilh de la Tuque et vous verrez qu'il vous est encore possible de traiter honorablement. »

— Voulez-vous dire, citoyen Brin, dit le Président, pourquoi et comment vous êtes en relations avec le citoyen Baron Dutilh et dans quel but vous vous êtes entretenu avec lui du Comité Central ?

— Cela paraît suspect, ajoute Lévêque.

« — Merci, dit Brin. Il ne manquait plus que cela ; mais ici, il faut s'attendre à tout... Le Baron Dutilh est mon ami et, en politique, je le considèrerais comme mon père. Il m'a offert de faire son possible pour nous tirer de la situation embarrassante dans laquelle la Commune nous a mise, et je lui ai promis que j'userai ici de toute mon ınfluence pour vous faire entendre au moins une fois ses idées qui sont les miennes,..

— Alors, ça doit être un républicain de couleur pâle, crie méchamment Fabre.

— Il est républicain comme vous ne le serez jamais, reprend Brin. C'est un homme instruit, plein de cœur et de sentiments élevés. Vous pouvez le dénigrer, si vous le voulez, mais je vous défie bien d'être jamais un aussi bon patriote et un aussi grand citoyen que lui. Le Baron Dutilh mû par un sentiment des plus honorables, veut arrêter l'effusion du sang qui coule depuis trop longtemps...

— Alors, nous devons céder? crient plusieurs voix.

— Ce n'est pas céder que de s'arranger en famille, dit Brin.

— Qu'appelez-vous Famille? dit Chouteau.

— J'appelle Famille la France entière, dit Brin. La France a le droit de se diriger elle-même et vous n'êtes pas la France, ne l'oubliez pas !.....

— Après plusieurs autres discussions de ce genre, le Président met enfin aux voix cette proposition : Le Comité Central veut-il, oui ou non, admettre le Baron Dutilh à une de ses séances ?

Une majorité de deux voix déclare que M. le Baron Dutilh ne sera pas admis.

La plus sérieuse chance de conciliation possible entre Paris et Versailles échouait. La question menaçait de ne pouvoir plus être vidée que par les armes.

www.ingramcontent.com/pod-product-compliance
Lightning Source LLC
Chambersburg PA
CBHW061458050726
47593CB00004B/1677